Marco Paccagnella

Erika Rossi

APULEYO EDICIONES   FOMENTO DE VALORES   CUENTOS ILUSTRADOS

El otro mar

APULEYO EDICIONES   FOMENTO DE VALORES   CUENTOS ILUSTRADOS

Siempre me ha encantado el mar,
el murmullo de las personas hablando,
la música de las olas redondas.

El olor a sal.

Cómo el viento empieza a soplar, desde lejos, la imagen del cielo como un mar.

Las nubes ligeras, como los rastros de los aviones, se casan con las cálidas corrientes del sol.

Puedo andar hacia atrás
las veces que quiera.

Ir al agua donde no hay,

también hacia atrás.

Puedo cerrar los ojos
y hacer como si nada.

Cada vez que miro hacia arriba,
veo otro mar.

Me pregunto adónde irán las gaviotas cuando desaparecen detrás de las nubes.

¿Adónde irán las almas de los peces cuando el hombre

o los peces más
grandes se los comen?

¿Quién sabe si allí arriba la lluvia llega con los barcos?

Si hay capitanes con sus largas barbas...

El otro mar es profundo.

El otro mar no tiene dirección,

libre de cualquier límite

en el horizonte.

Tal vez, solo con los ojos
cerrados se puede ver
el otro mar.

Siempre me ha encantado el mar, el murmullo de las personas hablando, la música de las olas redondas.

El olor a sal.

L'altre mar

Versió en català

© Marco Paccagnella (de la obra)
©Apuleyo Ediciones (de esta edición)
Primera edición en Apuleyo Ediciones: enero 2024
Diseño de cubierta: Sofía Corzo González
Corrección: Aitor Andreu Guerrero
Maquetación: Domingo Carrasco Martín
Ilustraciones: Erika Rossi
Coordinación editorial: Isidoro Cidre González
info@apuleyoediciones.com
www.apuleyoediciones.com
ISBN: 978-84-10068-91-9
Depósito legal: H 596-2023

Hecho e impreso en España.

El otro mar

APULEYO EDICIONES   FOMENTO DE VALORES   CUENTOS ILUSTRADOS

Marco Paccagnella
Erika Rossi

APULEYO EDICIONES   FOMENTO DE VALORES   CUENTOS ILUSTRADOS

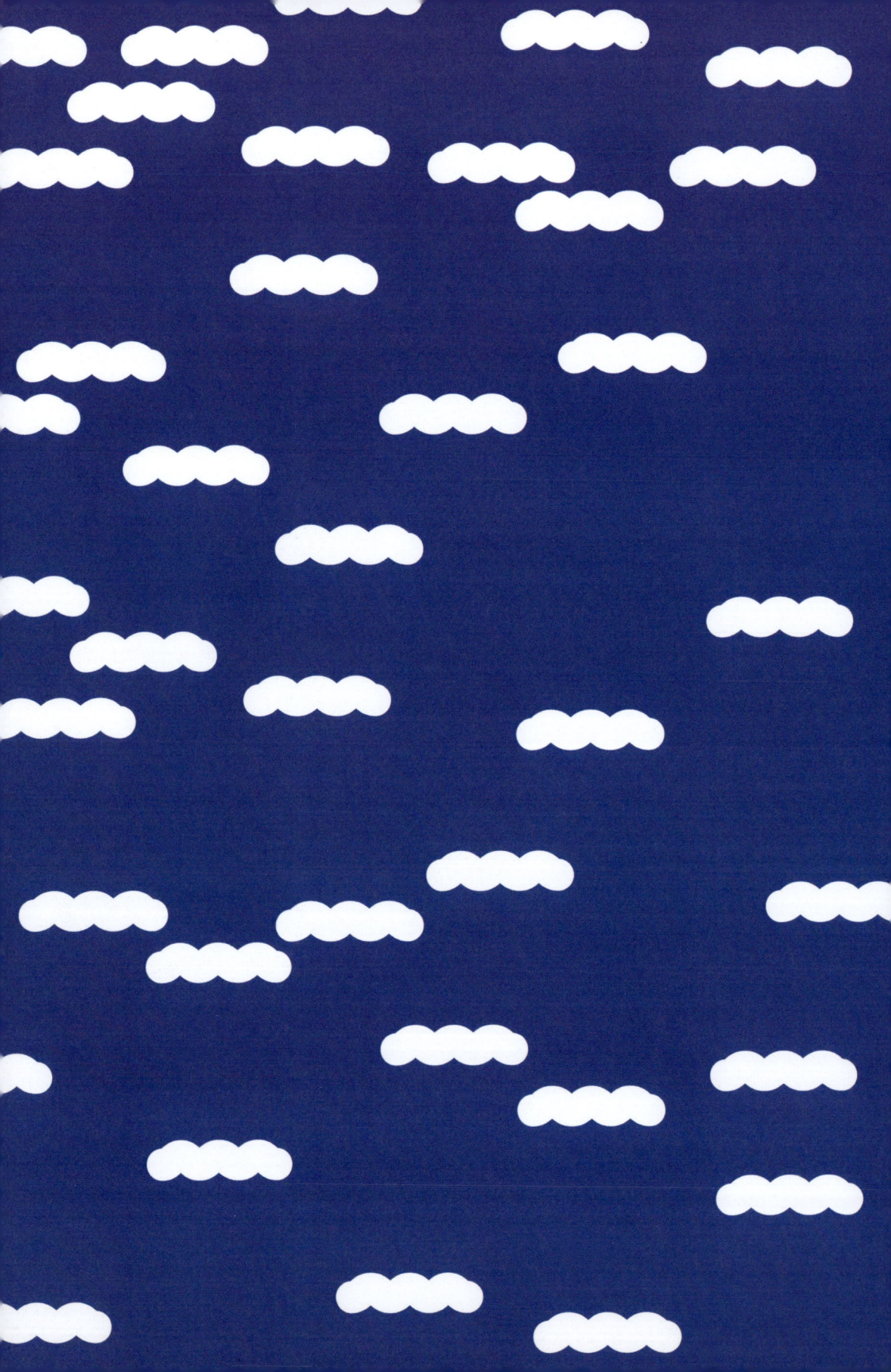